CAHIERS DE DOUAI

ARTHUR RIMBAUD

ALICIA ÉDITIONS

TABLE DES MATIÈRES

PREMIER CAHIER

Première soirée	3
Sensation	5
Le Forgeron	6
Soleil et Chair	13
Ophélie	19
Bal des pendus	21
Le châtiment de Tartufe	24
Vénus Anadyomène	25
Les reparties de Nina	26
À la Musique	31
Les Effarés	33
Roman	35
Morts de Quatre-vingt-douze	37
Le Mal	39
Rages de Césars	40

DEUXIÈME CAHIER

Rêvé pour l'hiver	43
Le Dormeur du Val	44
Au Cabaret-vert, cinq heures du soir	46
La Maline	47
— L'éclatante victoire de Sarrebrück, —	48
Le Buffet	49
Ma Bohème (Fantaisie)	50

PREMIER CAHIER

PREMIÈRE SOIRÉE

— Elle était fort déshabillée
    Et de grands arbres indiscrets
Aux vitres jetaient leur feuillée
Malinement, tout près, tout près.

Assise sur ma grande chaise,
Mi-nue, elle joignait les mains.
Sur le plancher frissonnaient d'aise
Ses petits pieds si fins, si fins.

— Je regardai, couleur de cire
Un petit rayon buissonnier
Papillonner dans son sourire
Et sur son sein, — mouche au rosier

— Je baisai ses fines chevilles.
Elle eut un doux rire brutal
Qui s'égrenait en claires trilles,
Un joli rire de cristal

Les petits pieds sous la chemise
Se sauvèrent : « Veux-tu finir ! »
— La première audace permise,
Le rire feignait de punir !

— Pauvrets palpitants sous ma lèvre,
Je baisai doucement ses yeux :
— Elle jeta sa tête mièvre
En arrière : « Oh ! c'est encor mieux !...

Monsieur, j'ai deux mots à te dire... »
— Je lui jetai le reste au sein
Dans un baiser, qui la fit rire
D'un bon rire qui voulait bien...

— Elle était fort déshabillée
Et de grands arbres indiscrets
Aux vitres jetaient leur feuillée
Malinement, tout près, tout près.

SENSATION

20 AVRIL 1870.

Par les soirs bleus d'été, j'irai dans les sentiers,
    Picoté par les blés, fouler l'herbe menue :
Rêveur, j'en sentirai la fraîcheur à mes pieds.
Je laisserai le vent baigner ma tête nue.

Je ne parlerai pas, je ne penserai rien :
Mais l'amour infini me montera dans l'âme,
Et j'irai loin, bien loin, comme un bohémien,
Par la Nature, — heureux comme avec une femme.

LE FORGERON

PALAIS DES TUILERIES, VERS LE 10 AOÛT 92.

Le bras sur un marteau gigantesque, effrayant
    D'ivresse et de grandeur, le front vaste, riant
    Comme un clairon d'airain, avec toute sa bouche,
Et prenant ce gros-là dans son regard farouche,
Le Forgeron parlait à Louis Seize, un jour
Que le Peuple était là, se tordant tout autour,
Et sur les lambris d'or tramant sa veste sale.
Or le bon roi, debout sur son ventre, était pâle,
Pâle comme un vaincu qu'on prend pour le gibet,
Et, soumis comme un chien, jamais ne regimbait,
Car ce maraud de forge aux énormes épaules
Lui disait de vieux mots et des choses si drôles,
Que cela l'empoignait au front, comme cela !

« Or, tu sais bien, Monsieur, nous chantions tra la la
Et nous piquions les bœufs vers les sillons des autres :
Le Chanoine au soleil filait des patenôtres
Sur des chapelets clairs grenés de pièces d'or.
Le Seigneur, à cheval, passait, sonnant du cor
Et l'un avec la hart, l'autre avec la cravache

Nous fouaillaient. — Hébétés comme des yeux de vache,
Nos yeux ne pleuraient plus ; nous allions, nous allions,
Et quand nous avions mis le pays en sillons,
Quand nous avions laissé dans cette terre noire
Un peu de notre chair... nous avions un pourboire :
On nous faisait flamber nos taudis dans la nuit ;
Nos petits y faisaient un gâteau fort bien cuit.

... « Oh ! je ne me plains pas. Je te dis mes bêtises,
C'est entre nous. J'admets que tu me contredises.
Or, n'est-ce pas joyeux de voir, au mois de juin
Dans les granges entrer des voitures de foin
Énormes ? De sentir l'odeur de ce qui pousse,
Des vergers quand il pleut un peu, de l'herbe rousse ?
De voir des blés, des blés, des épis pleins de grain,
De penser que cela prépare bien du pain ?...
Oh ! plus fort, on irait, au fourneau qui s'allume,
Chanter joyeusement en martelant l'enclume,
Si l'on était certain de pouvoir prendre un peu,
Étant homme, à la fin ! de ce que donne Dieu !
— Mais voilà, c'est toujours la même vieille histoire !

« Mais je sais, maintenant ! Moi, je ne peux plus croire,
Quand j'ai deux bonnes mains, mon front et mon marteau,
Qu'un homme vienne là, dague sur le manteau,
Et me dise : Mon gars, ensemence ma terre ;
Que l'on arrive en cor, quand ce serait la guerre,
Me prendre mon garçon comme cela, chez moi !
— Moi, je serais un homme, et toi, tu serais roi,
Tu me dirais : Je veux !... — Tu vois bien, c'est stupide.
Tu crois que j'aime voir ta baraque splendide,
Tes officiers dorés, tes mille chenapans,
Tes palsembleu bâtards tournant comme des paons :
Ils ont rempli ton nid de l'odeur de nos filles
Et de petits billets pour nous mettre aux Bastilles,

Et nous dirons : C'est bien : les pauvres à genoux !
Nous dorerons ton Louvre en donnant nos gros sous !
Et tu te soûleras, tu feras belle fête.
— Et ces Messieurs riront, les reins sur notre tête !

« Non. Ces saletés-là datent de nos papas !
Oh ! Le Peuple n'est plus une putain. Trois pas
Et, tous, nous avons mis ta Bastille en poussière.
Cette bête suait du sang à chaque pierre
Et c'était dégoûtant, la Bastille debout
Avec ses murs lépreux qui nous racontaient tout
Et, toujours, nous tenaient enfermés dans leur ombre !
— Citoyen ! citoyen ! c'était le passé sombre
Qui croulait, qui râlait, quand nous prîmes la tour !
Nous avions quelque chose au cœur comme l'amour.
Nous avions embrassé nos fils sur nos poitrines.
Et, comme des chevaux, en soufflant des narines
Nous allions, fiers et forts, et ça nous battait là...
Nous marchions au soleil, front haut, — comme cela —,
Dans Paris ! On venait devant nos vestes sales.
Enfin ! Nous nous sentions Hommes ! Nous étions pâles,
Sire, nous étions soûls de terribles espoirs :
Et quand nous fûmes là, devant les donjons noirs,
Agitant nos clairons et nos feuilles de chêne,
Les piques à la main ; nous n'eûmes pas de haine,
— Nous nous sentions si forts, nous voulions être doux !

. . .
. . .

Et depuis ce jour-là, nous sommes comme fous !
Le tas des ouvriers a monté dans la rue,
Et ces maudits s'en vont, foule toujours accrue
De sombres revenants, aux portes des richards.
Moi, je cours avec eux assommer les mouchards :
Et je vais dans Paris, noir, marteau sur l'épaule,
Farouche, à chaque coin balayant quelque drôle,

Et, si tu me riais au nez, je te tuerais !
— Puis, tu peux y compter, tu te feras des frais
Avec tes hommes noirs, qui prennent nos requêtes
Pour se les renvoyer comme sur des raquettes
Et, tout bas, les malins ! se disent : « Qu'ils sont sots ! »
Pour mitonner des lois, coller de petits pots
Pleins de jolis décrets roses et de droguailles,
S'amuser à couper proprement quelques tailles,
Puis se boucher le nez quand nous marchons près d'eux,
— Nos doux représentants qui nous trouvent crasseux ! —
Pour ne rien redouter, rien, que les baïonnettes...,
C'est très bien. Foin de leur tabatière à sornettes !
Nous en avons assez, là, de ces cerveaux plats
Et de ces ventres-dieux. Ah ! ce sont là les plats
Que tu nous sers, bourgeois, quand nous sommes féroces,
Quand nous brisons déjà les sceptres et les crosses !... »
...
Il le prend par le bras, arrache le velours
Des rideaux, et lui montre en bas les larges cours
Où fourmille, où fourmille, où se lève la foule,
La foule épouvantable avec des bruits de houle,
Hurlant comme une chienne, hurlant comme une mer,
Avec ses bâtons forts et ses piques de fer,
Ses tambours, ses grands cris de halles et de bouges,
Tas sombre de haillons saignant de bonnets rouges :
L'Homme, par la fenêtre ouverte, montre tout
Au roi pâle et suant qui chancelle debout,
Malade à regarder cela !

                                « C'est la Crapule,

Sire. Ça bave aux murs, ça monte, ça pullule :
— Puisqu'ils ne mangent pas, Sire, ce sont des gueux !
Je suis un forgeron : ma femme est avec eux.
Folle ! Elle croit trouver du pain aux Tuileries !
— On ne veut pas de nous dans les boulangeries.
J'ai trois petits. Je suis crapule. — Je connais
Des vieilles qui s'en vont pleurant sous leurs bonnets
Parce qu'on leur a pris leur garçon ou leur fille :
C'est la crapule. — Un homme était à la Bastille,
Un autre était forçat : et tous deux, citoyens
Honnêtes. Libérés, ils sont comme des chiens :
On les insulte ! Alors, ils ont là quelque chose
Qui leur fait mal, allez ! C'est terrible, et c'est cause
Que se sentant brisés, que, se sentant damnés,
Ils sont là, maintenant, hurlant sous votre nez !
Crapule. — Là-dedans sont des filles, infâmes
Parce que, — vous saviez que c'est faible, les femmes, —
Messeigneurs de la cour, — que ça veut toujours bien, —
Vous [leur] avez craché sur l'âme, comme rien !
Vos belles, aujourd'hui, sont là. C'est la crapule.
...
« Oh ! tous les Malheureux, tous ceux dont le dos brûle
Sous le soleil féroce, et qui vont, et qui vont,
Qui dans ce travail-là sentent crever leur front...
Chapeau bas, mes bourgeois ! Oh ! ceux-là, sont les Hommes !
Nous sommes Ouvriers, Sire ! Ouvriers ! Nous sommes
Pour les grands temps nouveaux où l'on voudra savoir,
Où l'Homme forgera du matin jusqu'au soir,
Chasseur des grands effets, chasseur des grandes causes,
Où, lentement vainqueur, il domptera les choses
Et montera sur Tout, comme sur un cheval !

Oh ! splendides lueurs des forges ! Plus de mal,
Plus ! — Ce qu'on ne sait pas, c'est peut-être terrible :
Nous saurons ! — Nos marteaux en main, passons au crible
Tout ce que nous savons : puis, Frères, en avant !
Nous faisons quelquefois ce grand rêve émouvant
De vivre simplement, ardemment, sans rien dire
De mauvais, travaillant sous l'auguste sourire
D'une femme qu'on aime avec un noble amour :
Et l'on travaillerait fièrement tout le jour,
Écoutant le devoir comme un clairon qui sonne :
Et l'on se sentirait très heureux ; et personne.
Oh ! personne, surtout, ne vous ferait ployer !
On aurait un fusil au-dessus du foyer...

...

« Oh ! mais l'air est tout plein d'une odeur de bataille !
Que te disais-je donc ? Je suis de la canaille !
Il reste des mouchards et des accapareurs.
Nous sommes libres, nous ! Nous avons des terreurs
Où nous nous sentons grands, oh ! si grands ! Tout à l'heure
Je parlais de devoir calme, d'une demeure...
Regarde donc le ciel ! — C'est trop petit pour nous,
Nous crèverions de chaud, nous serions à genoux !
Regarde donc le ciel ! — Je rentre dans la foule,
Dans la grande canaille effroyable, qui roule,
Sire, tes vieux canons sur les sales pavés :
— Oh ! quand nous serons morts, nous les aurons lavés
— Et si, devant nos cris, devant notre vengeance,
Les pattes des vieux rois mordorés, sur la France
Poussent leurs régiments en habits de gala,
Eh bien, n'est-ce pas, vous tous ? — Merde à ces chiens-là ! »

...

— Il reprit son marteau sur l'épaule.

La foule

Près de cet homme-là se sentait l'âme soûle,
Et, dans la grande cour, dans les appartements,
Où Paris haletait avec des hurlements,
Un frisson secoua l'immense populace.
Alors, de sa main large et superbe de crasse,
Bien que le roi ventru suât, le Forgeron,
Terrible, lui jeta le bonnet rouge au front !

SOLEIL ET CHAIR

29 AVRIL 1870.

Le Soleil, le foyer de tendresse et de vie,
　　Verse l'amour brûlant à la terre ravie,
　　Et, quand on est couché sur la vallée, on sent
Que la terre est nubile et déborde de sang ;
Que son immense sein, soulevé par une âme,
Est d'amour comme Dieu, de chair comme la femme,
Et qu'il renferme, gros de sève et de rayons,
Le grand fourmillement de tous les embryons !

Et tout croît, et tout monte !

　　　　　　　　　　— Ô Vénus, ô Déesse !

Je regrette les temps de l'antique jeunesse,
Des satyres lascifs, des faunes animaux,
Dieux qui mordaient d'amour l'écorce des rameaux
Et dans les nénufars baisaient la Nymphe blonde !
Je regrette les temps où la sève du monde,
L'eau du fleuve, le sang rose des arbres verts

Dans les veines de Pan mettaient un univers !
Où le sol palpitait, vert, sous ses pieds de chèvre ;
Où, baisant mollement le clair syrinx, sa lèvre
Modulait sous le ciel le grand hymne d'amour ;
Où, debout sur la plaine, il entendait autour
Répondre à son appel la Nature vivante ;
Où les arbres muets, berçant l'oiseau qui chante,
La terre berçant l'homme, et tout l'Océan bleu
Et tous les animaux aimaient, aimaient en Dieu !
Je regrette les temps de la grande Cybèle
Qu'on disait parcourir, gigantesquement belle,
Sur un grand char d'airain, les splendides cités ;
Son double sein versait dans les immensités
Le pur ruissellement de la vie infinie.
L'Homme suçait, heureux, sa mamelle bénie,
Comme un petit enfant, jouant sur ses genoux.
— Parce qu'il était fort, l'Homme était chaste et doux.

Misère ! Maintenant il dit : Je sais les choses,
Et va, les yeux fermés et les oreilles closes.
— Et pourtant, plus de dieux ! plus de dieux ! l'Homme est Roi,
L'Homme est Dieu ! Mais l'Amour, voilà la grande Foi !
Oh ! si l'homme puisait encore à ta mamelle,
Grande mère des dieux et des hommes, Cybèle ;
S'il n'avait pas laissé l'immortelle Astarté
Qui jadis, émergeant dans l'immense clarté
Des flots bleus, fleur de chair que la vague parfume,
Montra son nombril rose où vint neiger l'écume,
Et fit chanter, Déesse aux grands yeux noirs vainqueurs,
Le rossignol aux bois et l'amour dans les cœurs !

II

Je crois en toi ! je crois en toi ! Divine mère,
Aphrodité marine ! — Oh ! la route est amère

Depuis que l'autre Dieu nous attelle à sa croix ;
Chair, Marbre, Fleur, Vénus, c'est en toi que je crois !
— Oui, l'Homme est triste et laid, triste sous le ciel vaste,
Il a des vêtements, parce qu'il n'est plus chaste,
Parce qu'il a sali son fier buste de dieu,
Et qu'il a rabougri, comme une idole au feu,
Son corps Olympien aux servitudes sales !
Oui, même après la mort, dans les squelettes pâles
Il veut vivre, insultant la première beauté !
— Et l'Idole où tu mis tant de virginité,
Où tu divinisas notre argile, la Femme,
Afin que l'Homme pût éclairer sa pauvre âme
Et monter lentement, dans un immense amour,
De la prison terrestre à la beauté du jour,
La Femme ne sait plus même être courtisane !
— C'est une bonne farce ! et le monde ricane
Au nom doux et sacré de la grande Vénus !

III

Si les temps revenaient, les temps qui sont venus !
— Car l'Homme a fini ! l'Homme a joué tous les rôles !
Au grand jour, fatigué de briser des idoles
Il ressuscitera, libre de tous ses Dieux,
Et, comme il est du ciel, il scrutera les cieux !
L'Idéal, la pensée invincible, éternelle,
Tout le dieu qui vit, sous son argile charnelle,
Montera, montera, brûlera sous son front !
Et quand tu le verras sonder tout l'horizon,
Contempteur des vieux jougs, libre de toute crainte,
Tu viendras lui donner la Rédemption sainte !
— Splendide, radieuse, au sein des grandes mers
Tu surgiras, jetant sur le vaste Univers
L'Amour infini dans un infini sourire !
Le Monde vibrera comme une immense lyre

Dans le frémissement d'un immense baiser !

— Le Monde a soif d'amour : tu viendras l'apaiser.

...

Ô ! L'Homme a relevé sa tête libre et fière !
Et le rayon soudain de la beauté première
Fait palpiter le dieu dans l'autel de la chair !
Heureux du bien présent, pâle du mal souffert,
L'Homme veut tout sonder, — et savoir ! La Pensée,
La cavale longtemps, si longtemps oppressée
S'élance de son front ! Elle saura Pourquoi !...
Qu'elle bondisse libre, et l'Homme aura la Foi !
— Pourquoi l'azur muet et l'espace insondable ?
Pourquoi les astres d'or fourmillant comme un sable ?
Si l'on montait toujours, que verrait-on là-haut ?
Un Pasteur mène-t-il cet immense troupeau
De mondes cheminant dans l'horreur de l'espace ?
Et tous ces mondes-là, que l'éther vaste embrasse,
Vibrent-ils aux accents d'une éternelle voix ?
— Et l'Homme, peut-il voir ? peut-il dire : Je crois ?
La voix de la pensée est-elle plus qu'un rêve ?
Si l'homme naît si tôt, si la vie est si brève,
D'où vient-il ? Sombre-t-il dans l'Océan profond
Des Germes, des Fœtus, des Embryons, au fond
De l'immense Creuset d'où la Mère-Nature
Le ressuscitera, vivante créature,
Pour aimer dans la rose, et croître dans les blés ?...

Nous ne pouvons savoir ! — Nous sommes accablés
D'un manteau d'ignorance et d'étroites chimères !
Singes d'hommes tombés de la vulve des mères,
Notre pâle raison nous cache l'infini !
Nous voulons regarder : — le Doute nous punit !

Le doute, morne oiseau, nous frappe de son aile...
— Et l'horizon s'enfuit d'une fuite éternelle !...

. . .

Le grand ciel est ouvert ! les mystères sont morts
Devant l'Homme, debout, qui croise ses bras forts
Dans l'immense splendeur de la riche nature !
Il chante... et le bois chante, et le fleuve murmure
Un chant plein de bonheur qui monte vers le jour !...
— C'est la Rédemption ! c'est l'amour ! c'est l'amour !...

. . .

IV

Ô splendeur de la chair ! ô splendeur idéale !
Ô renouveau d'amour, aurore triomphale
Où, courbant à leurs pieds les Dieux et les Héros,
Kallipyge la blanche et le petit Éros
Effleureront, couverts de la neige des roses,
Les femmes et les fleurs sous leurs beaux pieds écloses !
Ô grande Ariadné, qui jettes tes sanglots
Sur la rive, en voyant fuir là-bas sur les flots,
Blanche sous le soleil, la voile de Thésée,
Ô douce vierge enfant qu'une nuit a brisée,
Tais-toi ! Sur son char d'or brodé de noirs raisins,
Lysios, promené dans les champs Phrygiens
Par les tigres lascifs et les panthères rousses,
Le long des fleuves bleus rougit les sombres mousses.
Zeus, Taureau, sur son cou berce comme une enfant
Le corps nu d'Europé, qui jette son bras blanc
Au cou nerveux du Dieu frissonnant dans la vague,
Il tourne lentement vers elle son œil vague ;

Elle, laisse traîner sa pâle joue en fleur
Au front de Zeus ; ses yeux sont fermés ; elle meurt
Dans un divin baiser, et le flot qui murmure
De son écume d'or fleurit sa chevelure.
— Entre le laurier-rose et le lotus jaseur
Glisse amoureusement le grand Cygne rêveur
Embrassant la Léda des blancheurs de son aile ;
— Et tandis que Cypris passe, étrangement belle,
Et, cambrant les rondeurs splendides de ses reins,
Étale fièrement l'or de ses larges seins
Et son ventre neigeux brodé de mousse noire,
— Héraclès, le Dompteur, qui, comme d'une gloire
Fort, ceint son vaste corps de la peau du lion,
S'avance, front terrible et doux, à l'horizon !

Par la lune d'été vaguement éclairée,
Debout, nue, et rêvant dans sa pâleur dorée
Que tache le flot lourd de ses longs cheveux bleus,
Dans la clairière sombre où la mousse s'étoile,
La Dryade regarde au ciel silencieux...
— La blanche Séléné laisse flotter son voile,
Craintive, sur les pieds du bel Endymion,
Et lui jette un baiser dans un pâle rayon...
— La Source pleure au loin dans une longue extase...
C'est la Nymphe qui rêve, un coude sur son vase,
Au beau jeune homme blanc que son onde a pressé.
— Une brise d'amour dans la nuit a passé,
Et, dans les bois sacrés, dans l'horreur des grands arbres,
Majestueusement debout, les sombres Marbres,
Les Dieux, au front desquels le Bouvreuil fait son nid,
— Les Dieux écoutent l'Homme et le Monde infini !

OPHÉLIE

15 MAI 1870.

I

Sur l'onde calme et noire où dorment les étoiles
　　La blanche Ophélia flotte comme un grand lys,
Flotte très lentement, couchée en ses longs voiles...
— On entend dans les bois lointains des hallalis.

Voici plus de mille ans que la triste Ophélie
Passe, fantôme blanc, sur le long fleuve noir ;
Voici plus de mille ans que sa douce folie
Murmure sa romance à la brise du soir.

Le vent baise ses seins et déploie en corolle
Ses grands voiles bercés mollement par les eaux ;
Les saules frissonnants pleurent sur son épaule,
Sur son grand front rêveur s'inclinent les roseaux.

Les nénuphars froissés soupirent autour d'elle ;
Elle éveille parfois, dans un aune qui dort,
Quelque nid, d'où s'échappe un petit frisson d'aile :

— Un chant mystérieux tombe des astres d'or.

II

Ô pâle Ophélia ! belle comme la neige !
Oui tu mourus, enfant, par un fleuve emporté !
— C'est que les vents tombant des grands monts de Norwège
T'avaient parlé tout bas de l'âpre liberté ;

C'est qu'un souffle, tordant ta grande chevelure,
À ton esprit rêveur portait d'étranges bruits ;
Que ton cœur écoutait le chant de la Nature
Dans les plaintes de l'arbre et les soupirs des nuits ;

C'est que la voix des mers folles, immense râle,
Brisait ton sein d'enfant, trop humain et trop doux ;
C'est qu'un matin d'avril, un beau cavalier pâle,
Un pauvre fou, s'assit muet à tes genoux !

Ciel ! Amour ! Liberté ! Quel rêve, ô pauvre Folle !
Tu te fondais à lui comme une neige au feu :
Tes grandes visions étranglaient ta parole
— Et l'Infini terrible effara ton œil bleu !

III

— Et le Poète dit qu'aux rayons des étoiles
Tu viens chercher, la nuit, les fleurs que tu cueillis,
Et qu'il a vu sur l'eau, couchée en ses longs voiles,
La blanche Ophélia flotter, comme un grand lys.

BAL DES PENDUS

Au gibet noir, manchot aimable,
Dansent, dansent les paladins,
Les maigres paladins du diable.
Les squelettes de Saladins.

Messire Belzébuth tire par la cravate
Ses petits pantins noirs grimaçant sur le ciel,
Et, leur claquant au front un revers de savate,
Les fait danser, danser aux sons d'un vieux Noël !

Et les pantins choqués enlacent leurs bras grêles :
Comme des orgues noirs, les poitrines à jour
Que serraient autrefois les gentes damoiselles,
Se heurtent longuement dans un hideux amour.

Hurrah ! Les gais danseurs, qui n'avez plus de panse !
On peut cabrioler, les tréteaux sont si longs !
Hop ! qu'on ne sache plus si c'est bataille ou danse !
Belzébuth enragé racle ses violons !

Ô durs talons, jamais on n'use sa sandale !
Presque tous ont quitté la chemise de peau :
Le reste est peu gênant et se voit sans scandale.
Sur les crânes, la neige applique un blanc chapeau :

Le corbeau fait panache à ces têtes fêlées,
Un morceau de chair tremble à leur maigre menton :
On dirait, tournoyant dans les sombres mêlées,
Des preux, raides, heurtant armures de carton.

Hurrah ! La bise siffle au grand bal des squelettes !
Le gibet noir mugit comme un orgue de fer !
Les loups vont répondant des forêts violettes :
À l'horizon, le ciel est d'un rouge d'enfer...

Holà, secouez-moi ces capitans funèbres
Qui défilent, sournois, de leurs gros doigts cassés
Un chapelet d'amour sur leurs pâles vertèbres :
Ce n'est pas un moustier ici, les trépassés !

Oh ! voilà qu'au milieu de la danse macabre
Bondit dans le ciel rouge un grand squelette fou
Emporté par l'élan, comme un cheval se cabre :
Et, se sentant encor la corde raide au cou,

Crispe ses petits doigts sur son fémur qui craque
Avec des cris pareils à des ricanements,
Et, comme un baladin rentre dans la baraque,
Rebondit dans le bal au chant des ossements.

Au gibet noir, manchot aimable.
Dansent, dansent les paladins.
Les maigres paladins du diable.
Les squelettes de Saladins.

LE CHÂTIMENT DE TARTUFE

Tisonnant, tisonnant son cœur amoureux sous
        Sa chaste robe noire, heureux, la main gantée,
Un jour qu'il s'en allait, effroyablement doux,
Jaune, bavant la foi de sa bouche édentée,

Un jour qu'il s'en allait, « Oremus, » — un Méchant
Le prit rudement par son oreille benoîte
Et lui jeta des mots affreux, en arrachant
Sa chaste robe noire autour de sa peau moite !

Châtiment !... Ses habits étaient déboutonnés,
Et le long chapelet des péchés pardonnés
S'égrenant dans son cœur, Saint Tartufe était pâle !...

Donc, il se confessait, priait, avec un râle !
L'homme se contenta d'emporter ses rabats...
— Peuh ! Tartufe était nu du haut jusques en bas !

VÉNUS ANADYOMÈNE

27 JUILLET 1870.

Comme d'un cercueil vert en fer blanc, une tête
         De femme à cheveux bruns fortement pommadés
D'une vieille baignoire émerge, lente et bête,
Avec des déficits assez mal ravaudés ;

Puis le col gras et gris, les larges omoplates
Qui saillent ; le dos court qui rentre et qui ressort ;
Puis les rondeurs des reins semblent prendre l'essor ;
La graisse sous la peau paraît en feuilles plates ;

L'échine est un peu rouge, et le tout sent un goût
Horrible étrangement ; on remarque surtout
Des singularités qu'il faut voir à la loupe...

Les reins portent deux mots gravés : *Clara Venus* ;
— Et tout ce corps remue et tend sa large croupe
Belle hideusement d'un ulcère à l'anus.

LES REPARTIES DE NINA

15 AOÛT 1870.

. . .

    Lui — Ta poitrine sur ma poitrine,
        Hein ? nous irions,
Ayant de l'air plein la narine,
        Aux frais rayons

Du bon matin bleu, qui vous baigne
        Du vin de jour ?...
Quand tout le bois frissonnant saigne
        Muet d'amour

De chaque branche, gouttes vertes,
        Des bourgeons clairs,
On sent dans les choses ouvertes
        Frémir des chairs :

Tu plongerais dans la luzerne
        Ton blanc peignoir,
Rosant à l'air ce bleu qui cerne
        Ton grand œil noir,

Amoureuse de la campagne,
    Semant partout,
Comme une mousse de Champagne,
    Ton rire fou :

Riant à moi, brutal d'ivresse,
    Qui te prendrais.
Comme cela, — la belle tresse,
    Oh ! — qui boirais

Ton goût de framboise et de fraise,
    Ô chair de fleur !
Riant au vent vif qui te baise
    Comme un voleur,

Au rose églantier qui t'embête
    Aimablement :
Riant surtout, ô folle tête,
    À ton amant !...

. . .

Dix-sept ans ! Tu seras heureuse !
    Oh ! les grands prés !
La grande campagne amoureuse !
    — Dis, viens plus près !...

Ta poitrine sur ma poitrine,
    Mêlant nos voix,
Lents, nous gagnerions la ravine,
    Puis les grands bois !...

Puis, comme une petite morte,
    Le cœur pâmé,

Tu me dirais que je te porte,
    L'œil mi-fermé...

Je te porterais, palpitante,
    Dans le sentier :
L'oiseau filerait son andante :
    Au Noisetier...

Je te parlerais dans ta bouche :
    J'irais, pressant
Ton corps, comme une enfant qu'on couche,
    Ivre du sang

Qui coule, bleu, sous ta peau blanche
    Aux tons rosés :
Et te parlant la langue franche...
    Tiens !... — que tu sais...

Nos grands bois sentiraient la sève
    Et le soleil
Sablerait d'or fin leur grand rêve
    Vert et vermeil.

. . .

Le soir ?... Nous reprendrons la route
    Blanche qui court
Flânant, comme un troupeau qui broute,
    Tout à l'entour

Les bons vergers à l'herbe bleue
    Aux pommiers tors !
Comme on les sent toute une lieue
    Leurs parfums forts !

Nous regagnerons le village
    Au ciel mi-noir ;
Et ça sentira le laitage
    Dans l'air du soir ;

Ça sentira l'étable, pleine
    De fumiers chauds,
Pleine d'un lent rythme d'haleine,
    Et de grands dos

Blanchissant sous quelque lumière ;
    Et, tout là-bas,
Une vache fientera, fière,
    À chaque pas...

— Les lunettes de la grand'mère
    Et son nez long
Dans son missel ; le pot de bière
    Cerclé de plomb,

Moussant entre les larges pipes
    Qui, crânement,
Fument : les effroyables lippes
    Qui, tout fumant,

Happent le jambon aux fourchettes
    Tant, tant et plus :
Le feu qui claire les couchettes
    Et les bahuts :

Les fesses luisantes et grasses
    D'un gros enfant
Qui fourre, à genoux, dans les tasses,
    Son museau blanc

Frôlé par un mufle qui gronde
    D'un ton gentil,
Et pourlèche la face ronde
    Du cher petit…

Noire, rogue au bord de sa chaise,
    Affreux profil,
Une vieille devant la braise
    Qui fait du fil ;

Que de choses verrons-nous, chère,
    Dans ces taudis,
Quand la flamme illumine, claire,
    Les carreaux gris !…

— Puis, petite et toute nichée
    Dans les lilas
Noirs et frais : la vitre cachée,
    Qui rit là-bas…

Tu viendras, tu viendras, je t'aime !
    Ce sera beau.
Tu viendras, n'est-ce pas, et même…

ELLE. — *Et mon bureau ?*

À LA MUSIQUE

PLACE DE LA GARE, À CHARLEVILLE.

Sur la place taillée en mesquines pelouses,
   Square où tout est correct, les arbres et les fleurs,
Tous les bourgeois poussifs qu'étranglent les chaleurs
Portent, les jeudis soirs, leurs bêtises jalouses.

— L'orchestre militaire, au milieu du jardin,
Balance ses schakos dans la *Valse des fifres* :
— Autour, aux premiers rangs, parade le gandin ;
Le notaire pend à ses breloques à chiffres :

Des rentiers à lorgnons soulignent tous les couacs :
Les gros bureaux bouffis traînent leurs grosses dames
Auprès desquelles vont, officieux cornacs,
Celles dont les volants ont des airs de réclames ;

Sur les bancs verts, des clubs d'épiciers retraités
Qui tisonnent le sable avec leur canne à pomme,
Fort sérieusement discutent les traités,
Puis prisent en argent, et reprennent : « En somme !... »

Épatant sur son banc les rondeurs de ses reins,
Un bourgeois à boutons clairs, bedaine flamande,
Savoure son onnaing d'où le tabac par brins
Déborde — vous savez, c'est de la contrebande ; —

Le long des gazons verts ricanent les voyous ;
Et, rendus amoureux par le chant des trombones,
Très naïfs, et fumant des roses, les pioupious
Caressent les bébés pour enjôler les bonnes…

— Moi, je suis, débraillé comme un étudiant
Sous les marronniers verts les alertes fillettes :
Elles le savent bien, et tournent en riant,
Vers moi, leurs yeux tout pleins de choses indiscrètes.

Je ne dis pas un mot : je regarde toujours
La chair de leurs cous blancs brodés de mèches folles :
Je suis, sous le corsage et les frêles atours,
Le dos divin après la courbe des épaules.

J'ai bientôt déniché la bottine, le bas…
— Je reconstruis les corps, brûlé de belles fièvres.
Elles me trouvent drôle et se parlent tout bas…
— Et je sens les baisers qui me viennent aux lèvres[1]…

---

1. *Var.* : — Et mes désirs brutaux s'accrochent à leurs lèvres.

LES EFFARÉS

20 SEPT. 70.

Noirs dans la neige et dans la brume,
Au grand soupirail qui s'allume,
Leurs culs en rond

À genoux, cinq petits, — misère ! —
Regardent le boulanger faire
Le lourd pain blond…

Ils voient le fort bras blanc qui tourne
La pâte grise, et qui l'enfourne
Dans un trou clair.

Ils écoutent le bon pain cuire.
Le boulanger au gras sourire
Chante un vieil air.

Ils sont blottis, pas un ne bouge,
Au souffle du soupirail rouge,
Chaud comme un sein.

Et quand, pendant que minuit sonne,
Façonné, pétillant et jaune,
  On sort le pain,

Quand, sous les poutres enfumées,
Chantent les croûtes parfumées,
  Et les grillons,

Quand ce trou chaud souffle la vie
Ils ont leur âme si ravie
  Sous leurs haillons,

Ils se ressentent si bien vivre,
Les pauvres petits pleins de givre !
  — Qu'ils sont là, tous,

Collant leurs petits museaux roses
Au grillage, chantant des choses,
  Entre les trous,

Mais bien bas, — comme une prière...
Repliés vers cette lumière
  Du ciel rouvert,

Si fort, qu'ils crèvent leur culotte,
Et que leur lange blanc tremblotte
  Au vent d'hiver...

ROMAN

29 SEPTEMBRE 70.

I

On n'est pas sérieux, quand on a dix-sept ans.
         — Un beau soir, foin des bocks et de la limonade,
Des cafés tapageurs aux lustres éclatants !
— On va sous les tilleuls verts de la promenade.

Les tilleuls sentent bon dans les bons soirs de juin !
L'air est parfois si doux, qu'on ferme la paupière ;
Le vent chargé de bruits, — la ville n'est pas loin, —
A des parfums de vigne et des parfums de bière…

II

— Voilà qu'on aperçoit un tout petit chiffon
D'azur sombre, encadré d'une petite branche,
Piqué d'une mauvaise étoile, qui se fond
Avec de doux frissons, petite et toute blanche…

Nuit de juin ! Dix-sept ans ! — On se laisse griser.
La sève est du champagne et vous monte à la tête...
On divague ; on se sent aux lèvres un baiser
Qui palpite là, comme une petite bête...

III

Le cœur fou Robinsonne à travers les romans,
— Lorsque, dans la clarté d'un pâle réverbère,
Passe une demoiselle aux petits airs charmants,
Sous l'ombre du faux-col effrayant de son père...

Et, comme elle vous trouve immensément naïf.
Tout en faisant trotter ses petites bottines,
Elle se tourne, alerte et d'un mouvement vif...
— Sur vos lèvres alors meurent les cavatines...

IV

Vous êtes amoureux. Loué jusqu'au mois d'août.
Vous êtes amoureux. — Vos sonnets La font rire.
Tous vos amis s'en vont, vous êtes *mauvais goût*.
— Puis l'adorée, un soir, a daigné vous écrire... !

— Ce soir-là,... — vous rentrez aux cafés éclatants,
Vous demandez des bocks ou de la limonade...
— On n'est pas sérieux, quand on a dix-sept ans
Et qu'on a des tilleuls verts sur la promenade.

MORTS DE QUATRE-VINGT-DOUZE

...Français de soixante-dix, bonapartistes,
   républicains, souvenez-vous de vos pères en 92, etc...;
...

— PAUL DE CASSAGNAC — *LE PAYS.* —

Morts de Quatre-vingt-douze et de Quatre-vingt-treize,
Qui, pâles du baiser fort de la liberté,
Calmes, sous vos sabots, brisiez le joug qui pèse
Sur rame et sur le front de toute humanité ;

Hommes extasiés et grands dans la tourmente,
Vous dont les cœurs sautaient d'amour sous les haillons,
Ô Soldats que la Mort a semés, noble Amante,
Pour les régénérer, dans tous les vieux sillons ;

Vous dont le sang lavait toute grandeur salie,
Morts de Valmy, Morts de Fleurus, Morts d'Italie,
Ô million de Christs aux yeux sombres et doux ;

Nous vous laissions dormir avec la République,
Nous, courbés sous les rois comme sous une trique :
— Messieurs de Cassagnac nous reparlent de vous !

LE MAL

Tandis que les crachats rouges de la mitraille
Sifflent tout le jour par l'infini du ciel bleu ;
Qu'écarlates ou verts, près du Roi qui les raille.
Croulent les bataillons en masse dans le feu ;

Tandis qu'une folie épouvantable, broie
Et fait de cent milliers d'hommes un tas fumant ;
— Pauvres morts ! dans l'été, dans l'herbe, dans ta joie,
Nature ! ô toi qui fis ces hommes saintement !... —

— Il est un Dieu, qui rit aux nappes damassées
Des autels, à l'encens, aux grands calices d'or ;
Qui dans le bercement des hosannah s'endort.

Et se réveille, quand des mères, ramassées
Dans l'angoisse, et pleurant sous leur vieux bonnet noir,
Lui donnent un gros sou lié dans leur mouchoir !

RAGES DE CÉSARS

L'Homme pâle, le long des pelouses fleuries,
    Chemine, en habit noir, et le cigare aux dents :
    L'Homme pâle repense aux fleurs des Tuileries
— Et parfois son œil terne a des regards ardents...

Car l'Empereur est soûl de ses vingt ans d'orgie !
Il s'était dit : « Je vais souffler la Liberté
Bien délicatement, ainsi qu'une bougie ! »
La Liberté revit ! Il se sent éreinté !

Il est pris. — Oh ! quel nom sur ses lèvres muettes
Tressaille ? Quel regret implacable le mord ?
On ne le saura pas. L'Empereur a l'œil mort.

Il repense peut-être au Compère en lunettes...
— Et regarde filer de son cigare en feu,
Comme aux soirs de Saint-Cloud, un fin nuage bleu.

DEUXIÈME CAHIER

RÊVÉ POUR L'HIVER

EN WAGON, LE 7 OCTOBRE 70.

À... Elle.

L'hiver, nous irons dans un petit wagon rose
    Avec des coussins bleus.
  Nous serons bien. Un nid de baisers fous repose
    Dans chaque coin moelleux.

Tu fermeras l'œil, pour ne point voir, par la glace,
    Grimacer les ombres des soirs,
Ces monstruosités hargneuses, populace
    De démons noirs et de loups noirs.

Puis tu te sentiras la joue égratignée...
Un petit baiser, comme une folle araignée,
    Te courra par le cou...

Et tu me diras : « Cherche ! » en inclinant la tête,
— Et nous prendrons du temps à trouver cette bête
  — Qui voyage beaucoup...

LE DORMEUR DU VAL

OCTOBRE 1870.

C'est un trou de verdure où chante une rivière
    Accrochant follement aux herbes des haillons
D'argent ; où le soleil, de la montagne fière,
Luit : c'est un petit val qui mousse de rayons.

Un soldat jeune, bouche ouverte, tête nue,
Et la nuque baignant dans le frais cresson bleu,
Dort ; il est étendu dans l'herbe, sous la nue,
Pâle dans son lit vert où la lumière pleut.

Les pieds dans les glaïeuls, il dort. Souriant comme
Sourirait un enfant malade, il fait un somme :
Nature, berce-le chaudement : il a froid.

Les parfums ne font pas frissonner sa narine ;
Il dort dans le soleil, la main sur sa poitrine
Tranquille. Il a deux trous rouges au côté droit.

Le Dormeur du Val.

C'est un trou de verdure où chante une rivière
Accrochant follement aux herbes des haillons
D'argent ; où le soleil, de la montagne fière,
Luit : c'est un petit val qui mousse de rayons.

Un soldat jeune, bouche ouverte, tête nue,
Et la nuque baignant dans le frais cresson bleu,
Dort ; il est étendu dans l'herbe, sous la nue,
Pâle dans son lit vert où la lumière pleut.

Les pieds dans les glaïeuls, il dort. Souriant comme
Sourirait un enfant malade, il fait un somme :
Nature, berce-le chaudement : il a froid.

Les parfums ne font pas frissonner sa narine ;
Il dort dans le soleil, la main sur sa poitrine
Tranquille. Il a deux trous rouges au côté droit.

Arthur Rimbaud

Octobre 1870

AU CABARET-VERT, CINQ HEURES DU SOIR

OCTOBRE 70.

Depuis huit jours, j'avais déchiré mes bottines
　　　　Aux cailloux des chemins. J'entrais à Charleroi,
— *Au Cabaret-Vert* : je demandai des tartines
De beurre et du jambon qui fût à moitié froid.

Bienheureux, j'allongeai les jambes sous la table
Verte : je contemplai les sujets très naïfs
De la tapisserie. — Et ce fut adorable,
Quand la fille aux tétons énormes, aux yeux vifs,

— Celle-là, ce n'est pas un baiser qui l'épeure ! —
Rieuse, m'apporta des tartines de beurre,
Du jambon tiède, dans un plat colorié,

Du jambon rose et blanc parfumé d'une gousse
D'ail, — et m'emplit la chope immense, avec sa mousse
Que dorait un rayon de soleil arriéré.

LA MALINE

CHARLEROI, OCTOBRE 70.

Dans la salle à manger brune, que parfumait
    Une odeur de vernis et de fruits, à mon aise
Je ramassais un plat de je ne sais quel met
Belge, et je m'épatais dans mon immense chaise.

En mangeant, j'écoutais l'horloge, — heureux et coi.
La cuisine s'ouvrit avec une bouffée,
— Et la servante vint, je ne sais pas pourquoi,
Fichu moitié défait, malinement coiffée

Et, tout en promenant son petit doigt tremblant
Sur sa joue, un velours de pêche rose et blanc,
En faisant, de sa lèvre enfantine, une moue,

Elle arrangeait les plats, près de moi, pour m'aiser ;
— Puis, comme ça, — bien sûr, pour avoir un baiser, —
Tout bas : « Sens donc, j'ai pris *une* froid sur la joue… »

— L'ÉCLATANTE VICTOIRE DE SARREBRÜCK, —

REMPORTÉE AUX CRIS DE VIVE L'EMPEREUR ! OCTOBRE 70.

Gravure belge brillamment coloriée, se vend à Charleroi, 35 centimes.

Au milieu, l'Empereur, dans une apothéose
    Bleue et jaune, s'en va, raide, sur son dada
Flamboyant ; très heureux, — car il voit tout en rose,
Féroce comme Zeus et doux comme un papa ;

En bas, les bons Pioupious qui faisaient la sieste
Près des tambours dorés et des rouges canons,
Se lèvent gentiment. Pitou remet sa veste,
Et, tourné vers le Chef, s'étourdit de grands noms !

À droite, Dumanet, appuyé sur la crosse
De son chassepot, sent frémir sa nuque en brosse,
Et : « Vive l'Empereur !!! » — Son voisin reste coi…

Un schako surgit, comme un soleil noir… — Au centre,
Boquillon rouge et bleu, très naïf, sur son ventre
Se dresse, et, — présentant ses derrières — : « De quoi ?… »

LE BUFFET

OCTOBRE 70.

C'est un large buffet sculpté ; le chêne sombre,
    Très vieux, a pris cet air si bon des vieilles gens ;
Le buffet est ouvert, et verse dans son ombre
Comme un flot de vin vieux, des parfums engageants ;

Tout plein, c'est un fouillis de vieilles vieilleries,
De linges odorants et jaunes, de chiffons
De femmes ou d'enfants, de dentelles flétries,
De fichus de grand'mère où sont peints des griffons ;

— C'est là qu'on trouverait les médaillons, les mèches
De cheveux blancs ou blonds, les portraits, les fleurs sèches
Dont le parfum se mêle à des parfums de fruits.

— Ô buffet du vieux temps, tu sais bien des histoires,
Et tu voudrais conter tes contes, et tu bruis
Quand s'ouvrent lentement tes grandes portes noires.

MA BOHÈME (FANTAISIE)

Je m'en allais, les poings dans mes poches crevées ;
Mon paletot aussi devenait idéal ;
J'allais sous le ciel, Muse ! et j'étais ton féal ;
Oh ! là là ! que d'amours splendides j'ai rêvées !

Mon unique culotte avait un large trou.
— Petit-Poucet rêveur, j'égrenais dans ma course
Des rimes. Mon auberge était à la Grande-Ourse.
— Mes étoiles au ciel avaient un doux frou-frou

Et je les écoutais, assis au bord des routes,
Ces bons soirs de septembre où je sentais des gouttes
De rosée à mon front, comme un vin de vigueur ;

Où, rimant au milieu des ombres fantastiques.
Comme des lyres, je tirais les élastiques
De mes souliers blessés, un pied près de mon cœur !

Copyright © 2024 by Alicia ÉDITIONS

Credits : www.canva.com ; Alicia Éditions

https://fr.wikipedia.org/wiki/Le_Dormeur_du_val#/media/Fichier:
Photo_manuscrit_Le_dormeur_du_Val.JPG

https://fr.wikipedia.org/wiki/Le_Dormeur_du_val#/media/Fichier:
The_Wounded_Man.jpg

ISBN E-Book : 9782384553228

ISBN Broché : 9782384553235

Tous droits réservés.

Aucune partie de ce livre ne peut être reproduite sous quelque forme ou par quelque moyen électronique ou mécanique que ce soit, y compris les systèmes de stockage et de récupération de l'information, sans l'autorisation écrite de l'auteur, à l'exception de l'utilisation de brèves citations dans une critique de livre.

www.ingramcontent.com/pod-product-compliance
Lightning Source LLC
LaVergne TN
LVHW032014070526
838202LV00059B/6454